At the End of the World

At the End of the World

Contemporary Poetry from Bulgaria

Edited by Tsvetanka Elenkova
Translated by Jonathan Dunne

Shearsman Books

First published in the United Kingdom in 2012 by
Shearsman Books Ltd
50 Westons Hill Drive
Emersons Green
BRISTOL
BS16 7DF

www.shearsman.com

ISBN 978-1-84861-261-7

2nd Impression, 2013

Introduction and selection copyright © Tsvetanka Elenkova, 2012.
Translations copyright © Jonathan Dunne, 2012.
Copyright © in the Bulgarian texts lies with the individual authors.

In accordance with the Copyright, Design and Patents Act 1988,
the individual authors of the poems printed in this volume are hereby
identified as the authors thereof and Jonathan Dunne is hereby
identified as their translator.
All rights reserved.

The publication of this work has been made possible through a subsidy
received from the Bulgarian Ministry of Culture and the
Institute for Culture of the Bulgarian Ministry of Foreign Affairs.

Grateful acknowledgement is made to the original publishers of
the poems in Bulgarian. For a list of poems previously published in
Bulgarian, please see the 'Acknowledgements' section at the back of this
book.

Thanks to Boyko Kolev for permission to reproduce his painting
'Defenders of the Light' on the cover.

CONTENTS

Foreword by Tsvetanka Elenkova   ix

Ivan Teofilov (1931)
В леса	12
In the Woods	13
Рид	14
Ridge	15
Разкопки	16
Excavations	17

Tsvetan Marangozov (1933)
Луната е божественото око на загадката	18
The Moon Is the Divine Eye of the Enigma	19
Пумпали	20
Whipping-Tops	21
Езикът лиже мидата на слуха	22
The tongue licks the shell of hearing	23

Lyubomir Levchev (1935)
Aquila Non Capit Muscas	24
Aquila Non Capit Muscas	25
Ключ	28
Key	29
Течността на счупената чаша	30
The Liquid from the Broken Cup	31

Nikolai Kanchev (1936-2007)
Ницше извисен високо в планината	34
Nietzsche Standing Tall in the Mountains	35
Дните на света все още се броят на пръсти	36
The Days of the World Are Still Counted on the Fingers	37
Все едно кога над всичко ще се разрази цунами	38
It Doesn't Matter When a Tsunami Will Break Over Everything	39

Binyo Ivanov (1939-1998)

Нощни животни	40
Night Animals	41
Момент	42
Moment	43
така се свиква с нея	44
this is how you get used to her	45

Ivan Tsanev (1941)

Дърво на хълма	46
Tree on the Hill	47
Накрай света	48
At the End of the World	49
Катастрофични фрагменти	50
Accidental Fragments	51

Ekaterina Yosifova (1941)

Дадености	52
Bare Facts	53
Двуострият нож	54
The Double-Edged Knife	55
Юрнахме се	56
We Hurried	57

Ilko Dimitrov (1955)

Каква приспивна песен, какво успокоително са измеренията	58
What a lullaby, how reassuring are dimensions	59
Писанието – да, но само като основание, не като послание	60
Scripture, yes, but only as a foundation, not a message	61
Но какво може да произведе това ново	62
But what can we expect from this new	63

Silvia Choleva (1959)

Близък приятел	64
The Intimate Friend	65
Закачалка	66
Clothes Tree	67
Сътворението на човека	68
The Creation of Adam	69

Petar Tchouhov (1961)

Jesus Christ Superstar	70
Jesus Christ Superstar	71
При черния бик	72
The Black Bull	73
Есента на патриарха	74
The Autumn of the Patriarch	75

Kristin Dimitrova (1963)

Дневник с вълнообразен почерк	76
Diary with Wavy Handwriting	77
Градината на очакванията и отсрещната врата	78
The Garden of Expectations and the Opposite Door	79
Санта Мария дел Пи	80
Santa Maria del Pi	81

Iana Boukova (1968)

Поетът, целият в бяло	82
The Poet, All in White	83
Дюселдорфските кибритени насаждения	84
The Düsseldorf Match Plantations	85
Апология в понеделник по обяд	88
Apology on Monday Lunchtime	89

Tsvetanka Elenkova (1968)

Змията	90
The Snake	91
Ослепяване	92
Blinding	93
Кактус	94
Cactus	95

Marin Bodakov (1971)

Наивно изкуство	96
Naive Art	97
По По	98
Poe Poe	99
Морско сражение	100
Sea Battle	101

Yordan Eftimov (1971)

Вход	102
Entry	103
Тайнствената бомба	104
The Enigmatic Bomb	105
Същото	106
The Same	107

Nadya Radulova (1975)

Какво остава	108
What Is Left	109
Оттичане в други форми	110
Drainage in Other Forms	111
10 януари, 30 юли, 6 март	114
10 January, 30 July, 6 March	115

Nikolai Atanasov (1978)

Стрида	116
Oyster	117
Златните пегаси	118
Golden Pegasuses	119
Via Negativa	120
Via Negativa	121

Poets' Biographies	122
Translator's Biography	127
Acknowledgements	128

FOREWORD

This is not an anthology of emblematic poems, but of distinct, recognizable styles. It is not an anthology in the context of the Bulgarian literary model, but seventeen contemporary Bulgarian poets, two of whom have died, who by their original thought and sensitivity in contact with the world broaden its dimensions. So "the priest summons rain while shedding blood," writes Ilko Dimitrov, for whom the world is not a first discovery, but a "game of shade with light and light with the absence of light" ('The Seller of Threads').

This is also a thematic book in which accepted classics of Bulgarian poetry stand side by side with the younger generation, opposites, but also likes, which attract. Ilko Dimitrov's dialectical poetry of the *polis* meets Binyo Ivanov's anti-logic broken down into sounds, Ekaterina Yosifova's elliptical and uncertain knitting/unknitting of existence complements Nikolai Kanchev's development of phraseology in surrealism, Lyubomir Levchev's Orphic idealism refutes the eternal emigrant Tsvetan Marangozov's sceptical stance, Ivan Teofilov's rationalization of nature enriches Ivan Tsanev's bucolics. They are followed by a list of younger names who all obey this model of dominant individualism, contrasts and extremes, so typical of Bulgarian personality and nature.

Bulgaria is a small country with a "small" language, but with a nature so varied it is almost contradictory, with a history of abrupt twists and turns and a people who find it difficult to create community on account of their strong personal characteristics. Historically speaking, the old Slavonic alphabet, created by the Thessalonian brothers Saints Cyril and Methodius, as well as Christianity, were transmitted to other Slavonic nations, including Kievan Rus, from Bulgaria. Still today, the liturgy in Orthodox churches is held in this language. It is also little known that Bulgaria was the cradle of another civilization that flourished in the fourth century BC alongside the ancient Greeks, that of the Thracians. The Thracians were a kind of alternative to the Greeks. Some tribes, the Getae, unlike their neighbours, believed in a single God, Zalmoxis, in life after death, in the inseparability of the body and soul (very close to the Orthodox view of the Resurrection), and transformed funerals into mysteries, at which they drank undiluted wine. They formed secret male societies, one of whose members was Orpheus, author of the so-called Orphic Hymns, songs of extraordinary finesse and mysticism, which were handed down orally. Orpheus, famous as the greatest singer of antiquity, was born and buried in the Rhodope mountains of southern Bulgaria, a handsome man who met his death when he was torn to pieces by love-crazed maenads, so that his head and seven-stringed lyre floated down the river Hebrus (Maritsa) to the island of Lesbos in Greece. The Thracians established their sanctuaries around waterfalls and caves and buried their dead in mounds resembling a womb, beehive or egg, with beautifully painted and colourful frescos, using the three architectural forms, the triangle, circle and line (the Thracian tomb of Kazanlak is one of seven World Heritage cultural sites in Bulgaria), the same forms we see in the first Slavonic script, Glagolitic. There is much in common between the Christian God and Orpheus, as there is much in common between the symbols of Glagolitic and Thracian symbols. In the same way Christ was crucified on account of his love, Orpheus died of love. Love towards poetry and beauty, love towards him. Bulgaria is a country of mountains, monasteries, Thracian sanctuaries, waterfalls, caves and a sea called Black on account of its inhospitality.

Bulgarian poetry has inevitably drunk from this mysticism, metaphysics, colourfulness. Nikolai Kanchev wrote perhaps the most beautiful poem about Bulgaria: "As an angel is not a man with wings, so you are not an ordinary place!" ('Bulgaria'), which Tsvetan Marangozov follows with a typically existential discovery revealing the uniqueness of the *topos* in a Heraclitean way about nature/the spirit, which loves to hide: "Isn't the little beauty in this earthly paradise a front for the remaining ugliness?" or "Isn't everything that's alive here actually the dead that doesn't want to die?" ('*Mein Land ist Bulgarien*').

So this is also an anthology about the Word after words, about the unusualness in things, their eccentricity even when they feign normality, which is further examined in the work of the poets Kristin Dimitrova, Yordan Eftimov, Nadya Radulova, Petar Tchouhov. Meanwhile Iana Boukova's imaginary prose, Marin Bodakov's concentrated poetry and Silvia Choleva's verse gliding like a river mid-current are all memorable for their timelessness.

The anthology is ordered by the poets' date of birth, beginning with the eldest, Ivan Teofilov, and ending with the youngest, Nikolai Atanasov, though coincidentally these two are the selection's aesthetic framework since both talk about the trembling of things through the trembling of language.

I started this foreword by saying that this is not an anthology of emblematic poems and yet they are what caused me to consider a poet.

Like the spine of a book, which reveals the title and name of the author, allowing the pages to be opened and the real reading to begin.

So I will always remember the emblematic verses of Marin Bodakov about prayer, "knee and pipe for the azure's circulation" ('Human Knee'), of Binyo Ivanov about the soul, "when someone leaves, he remains / what departs is his personal cricket" ('For the Different Stars'), of Ekaterina Yosifova about the Tree of Knowledge or caterpillar tree, "ever since I can remember we talk about the storm / how it will shake, but what about us / me down here, must I trample underfoot?" ('The Caterpillars').

This anthology lays no claim to being complete, and therein lies its beauty. It constitutes an experience of existence, which ends—in the words of Binyo Ivanov—with "broken silence." Silence, which can be both an affirmative and a negative answer, an open end, or that silence Nikolai Kanchev writes about in his poem 'Post Scriptum': "At the end of the town, where the houses finish, is the monastery. / At the end of the world, where words finish, is the Word."

Tsvetanka Elenkova

Иван Теофилов

В леса

Щастлива пауза на духа. Съзвучно,
дълбоко-пъстро бдение в леса.

И всички звучни радости отекват
у мен като в насрещно огледало.

И всичко би изглеждало чудесно,
ако нещата бяха с траен разум,
а паметта ми бе неподатлива
на резки скокове...
     Така едно
случайно срутване на здрач в листата
разбърка множественото у мен:
и сетива, и усети се гърчат и щрихират
(копирайки от Гоя ли?)
       все тоя
подлец от остро разкривена креда.

(Мой мозък изтерзан! И тук, в леса ли
щрихираш гърбавите си човечета?)

И ме обзема първобитен гняв.
Кого ли ще сразя?
      А там, в нетрайното,
трепти първоначалната невинност –
разкаяна метафора
     на свян.

Ivan Teofilov

In the Woods

Happy pause of the spirit. Harmonious,
deeply variegated vigil in the wood.

And all sonorous joys resound
inside me as in a mirror opposite.

Everything would appear fine
if reason were lasting,
my memory impervious
to sudden jumps…
                    And so
an accidental collapse of dusk among the leaves
stirs everything inside me,
feelings and senses writhe, keep hatching
(a copy of Goya maybe)
                    this scoundrel
of sharply distorted chalk.

(O tormented brain! Are you hatching
your hunchbacked manikins in the woods as well?)

I am seized by primitive rage.
For whom shall I vanquish?
                  And yet there, in the ephemeral,
primary innocence trembles,
contrite metaphor
                of shame.

Рид

Този рид,
към сините селения открит,
разлюля прозореца си рязък –
духна сетивата ми
                в суровия отрязък
на застиналата пропаст, посвети ги
във вълненията на планинските вериги,
в голите пристрастия на канарите,
в паяжините от здрач по дълбините,
завъртя ума им в този адски кръг:
как се хващат те за ужаса на стрък,
за треперещия миг на слънчева прашинка,
за обидената стъпка на прекъснат път,
за съдбата на калинка.

И останах с кроткото си тяло.
И с една усмивка – от уплаха – лека.
Закопнях сред нещо просияло.
И в избистреното дъно на душата си
              съзрях
някакъв обем от слънце и от прах –
на преживяното
                Александрийската библиотека...

Ridge

This ridge,
open to the blue realm,
shook its strident window,
whipped my senses
              into the rough part
of the frozen abyss, initiating them
into the thrills of mountain ranges,
the bare passions of rock,
the cobwebs of dusk deep down,
spinning their mind in a hellish circle:
the way they hold onto the horror of a stalk,
the trembling moment of a sun speck,
the insulted step of an interrupted road,
the destiny of a ladybird.

I was left with my meek body.
A gentle smile of fright.
And I longed inside the clearing.
In the translucent depths of my soul
              I envisaged
a volume of sun and dust
from the experience…
                  Alexandria's library.

Разкопки

Руини и отломъци... И бистрото искрене
на властно тържествуващия въздух.
И звънкият неотразим живот
на насекомо – като слънчев призрак.
Из виолетовите тайнства на храстите...

А ето тук – разбита форма на бокал
              с изящна дръжка.
И бърза милосърдната ми памет
обратно да я върне
в мъглата от изпепелени устни...

Съставяме и неизменно гоним
все тези илюзорни стълби
от светлист мисловен ромон –
към някаква неосъзната сигурност.

Дълбаем рухващи трапчинки
из пламналото си въображение,
а сетивата ни звънят –
ту суеверни, ту несуеверни.

Руини и отломъци...

Все туй потръпващо
придърпване на погледа. В необозримите
езотерични далнини
с номадствата на проклънатата душа...

Excavations

Ruins, fragments… and the clear sparkle
of the powerfully dominant air.
The ringing, irresistible life
of an insect—like a sun ghost—
among the violet mysteries of bushes…

And here the broken form of a goblet
                with exquisite handle.
My charitable memory rushes
to bring it back
to the mist of charred lips.

We construct, permanently pursue,
such illusory steps
of luminous, thoughtful murmurs
in search of some unconscious certainty.

Dig dimples that collapse
in our fiery imagination
while our senses ring out
with or without superstition.

Ruins, fragments…

Always this shuddering
drawing of the look. Into boundless,
esoteric distances
with the accursed soul's nomadic self…

Цветан Марангозов

ЛУНАТА Е БОЖЕСТВЕНОТО ОКО НА ЗАГАДКАТА

С изпъкнала челюст и ниско чело
дивото препуска на късокракия си кон
и изцежда под седлото последния сок
от суровото месо

Гората мами с непроницаемост
клоните скубят опашката на копието
трусовете цепят чатала
белтъците киснат в козината
бълхите умножават гъдела

Нощем в землянката
Дивото хърка с отворени очи
и всява страх у зверовете пред изхода

Tsvetan Marangozov

The Moon Is the Divine Eye of the Enigma

With protruding jaw and low forehead
the wild thing races along on its short-legged horse
squeezing the final juice from the raw meat
under the saddle

The woods allure with impenetrability
the branches pluck at the tail of the spear
the jolts split the crotch
the proteins soak into the coat
the fleas add to the tickling

Night in the dugout
The wild thing snores with open eyes
striking fear into the beasts at the exit

Пумпали

Хайде сега да се завъртим
подушил копнежа за движение
камшикът пак ще ни вдъхне временна жизненост
и всеки удар ще изтръгне телата ни
                от прегръдката на застоя

Да се завъртим
да изправим ос
да покажем грацията на обърнатия конус
да намерим отново зашеметени
                едно залитащо равновесие

От плесниците набираме скорост
                и намираме посоката
Усещаш ли – на птичи ята се гонят атомите ни

Въртим се
мъркаме като сити котараци
чезнем
и пак се появяваме

Навиваме страховете си на кълбо

Whipping-Tops

Come let's go for a spin
Sensing the longing for movement
the whip will inspire us again with temporary energy
each stroke wresting our bodies
                 from the embrace of stagnation

Let's go for a spin
straighten the axis
express the grace of an inverted cone
search dizzily
                 for our unsteady balance

The lashes give us speed
                 provide us with direction
Can you feel how our atoms chase each other like flocks of birds

We spin
we purr like sated cats
vanish
only to reappear

We wind our fears into a ball

*

Езикът лиже мидата на слуха
слухът краде от зрението
червени и бели телца танцуват на двойки в отворените рани
пъпки от живи кръстчета

Биографията на всеки миг е по-дълга
от половин столетие

Грацията с която два нокътя отстраняват косъма
от върха на до крайност изостреното присъствие

С ненаситна скромност
възприятието на новороденото очаква поне всичко
всичко поне
и пеленачето жадно за грамче смърт
развързва настървено преплетените пелени
и политява като змей-хвърчило нагоре
по невидимите стъпала на въздишките
до максималното самоусещане

Там горе две подути устни
ще целунат с благодарна завист десетилетията
излежани в чужда свобода

Приказката полага грижовно смляната ядка
обратно в разтворената черупка

Весело съзнание за незаслуженост

*

The tongue licks the shell of hearing
hearing steals from sight
red and white corpuscles dance in couples on open wounds
buds of living crosses

Each moment's biography is longer
than half a century

The grace with which two nails remove a hair
from the surface of a highly sharpened presence

With insatiable modesty
the newborn's perception expects at least everything
everything at least
and the infant thirsty for a gram of death
eagerly undoes his intricate nappy
and flies like a dragon or kite up
on invisible steps of sighs
to maximum self-awareness

Up there two swollen lips
will kiss with appreciative envy the decades
served in foreign freedom

The tale carefully replaces the granules of nut
in the open husk

A joyful sense of undeserving

Любомир Левчев

Aquila Non Capit Muscas

т. е.
орелът не яде мухи.
С тази антична
ирония ни отминаваше
старомодният даскал,
когато го замеряхме
с книжни птици.

Но защо си спомням
тези неща за забравяне?

В забравен от някого вестник чета,
че шегаджии от Източните Родопи
хвърляли мърша с отрова –
дар за последните
лешояди.

Вятър – пазач на върхове,
се гърчи с вързана уста в тревите.

Лешоядът е орел, избягал от ада.
По други данни бил освободен,
поради липса на доказани
престъпления и грехове.
Бил наклеветен от сладкопойни роднини,
които се препитават
с крилати насекоми.
Но вонящата слава не изветрява.

Макар че като си помислиш –
всеки става накрая леш
и тогава
има ли значение
какво ще те погълне –

Lyubomir Levchev

Aquila Non Capit Muscas

which is to say
an eagle doesn't catch flies.
With this ancient
irony our old-fashioned
schoolteacher would walk by
when we peppered him
with paper birds.

But why am I remembering
things that are best forgotten?

I read in a discarded newspaper
that some jokers from the Eastern Rhodopes
left some poisoned meat
as a gift for the last
vultures.

Wind, guardian of the peaks,
it writhes with mouth tied in the grasses.

The vulture is an eagle that escaped from hell.
Or else it was freed
on account of a lack of proven
crimes and sins.
It was slandered by the kind of sweet-voiced relatives
who live
on winged insects.
And you can't get rid of a stinking reputation.

Though, when you think about it,
we all end up as carrion,
so
what does it matter
if you are swallowed by

земна зев
или огнен език,
или небесен клюн?

Облак с дъх на асфалт топи снеговете.
Топят се и белоглавите лешояди.

Няма кой да закриля крилата.

Но може би геолози или граничари
ще намерят сираците –
скалните голишари,
и ще ги отнесат завинаги в низината.

Нещо... доста старомодно го давам –
реалистично до същинизъм.
И си спомням неща за забравяне.
Поне да бях научил латински.
Но за нищо не съжалявам. Не ме е яд, че
животът ми вече премина.
Мъчно ми е за последното лешоядче,
което ще умре в зоологическа градина.
И ще екне гласче под небето последно,
под саван от стоманена тел:
– Татко, татко, гледай! –
Мухите ядат орел.

a hole in the ground,
a tongue of fire
or a beak in the sky?

A tarmac-breathed cloud causes the snows to melt.
White-headed vultures also melt.

There's nobody to watch their wings.

But perhaps some geologists or border guards
will discover their orphans,
rock nestlings,
and transfer them for good to lower ground.

I know… I'm being too old-fashioned,
realistic in the extreme,
and remembering things that are best forgotten.
If only I'd studied a bit more Latin.
But I've no regrets. I'm not sore that
life has passed me by.
I'm just sorry for the last little vulture
that's going to die in a zoo.
And under the sky, a shroud of steel wire,
a voice will pipe up at the last:
"Daddy, daddy, look!
The flies have caught an eagle."

Ключ

Пиехме тихо,
когато чухме стъпките на сянката.
И аз станах да ѝ отворя,
но тя се бе прехвърлила през оградата.
Тогава

Ловецът на проблясъци ми каза:
Виж какво,
я ми остави ключа под бърсалката.
Понеже се надявам да се върна пак,
понеже се надявам...
За разлика от Оня,
с когото сме си бърсали сълзите...
Остави ми ключа под бърсалката.
Както правят всички.

Вече не правят,
казах аз.
Но ще ти оставя ключа
под онзи облак.
Както правят всички мълнии.

А всъщност,
Господ не заключва.

Key

We were quietly drinking
when we heard the shadow's footsteps.
I went to open up,
but the shadow had already disappeared over the wall.
And then

The flash hunter said:
Listen,
why don't you leave me the key under the doormat?
Since I'm planning to come back,
that's what I'm planning…
Unlike that Other One,
with whom we dried our tears…
Leave me the key under the doormat.
As everybody else does.

They don't any more,
I said.
But I'll leave you the key
under that cloud.
As a thunderbolt does.

Though, to tell the truth,
God doesn't lock up.

Течността на счупената чаша

Когато вали,
музеят е нещо много практично.
Докато спре,
научаваш
туй-онуй.
Например:
По време на последните палеолози
интересът към поезията се засилил.
Но, за жалост, империята отслабнала.
Тогава
пишели стихове
според формата на чашата.
Или рисували чаши
според формата на стиха.
Точната технология е загубена.
Но тъй или инак,
Сатир и Менада
във вид на дръжки
красят този съд...
А знае се кой държи всичко.
Защото ако прелее,
това не ти е чашата на търпението.
По-скоро е
съдът на нашто нетърпение.
Не! Не! Не изпускай мига!
Толкова чуплив е той!
Ето – вали.
И аз си мисля
за течността на счупената чаша.
И мислите ми поникват
като растения след суша.
Ето –
това е моето родословно дърво.
А това там е дървото на живота.
Вярваш ли, че сме от клона
на онази тъжна маймуна?
Или вярваш във вярата?

The Liquid from the Broken Cup

When it rains,
a museum is a very practical place.
While waiting for the rain to stop,
you can learn
a thing or two.
For example:
in the time of the last Palaeologi,
interest in poetry actually grew.
Though unfortunately the empire fell away.
Then
they wrote verses
in the form of cups.
Or painted cups
in the form of verses.
The exact technique has been lost.
But somehow or other
this satyr and maenad
in the shape of handles
adorn this vessel…
We all know who holds everything.
But should it overflow,
this is not the cup of patience.
Rather it is
the vessel of our impatience.
No! No! Don't miss the moment!
It's so fragile!
See, it's raining.
And I'm thinking
about the liquid from the broken cup.
My thoughts sprout
like plants after a drought.
This here
is my family tree.
And that's the tree of life.
Do you believe we're descended
from that sad monkey?
Do you believe in faith?

Или на вятъра?
Стига!
Кой ще ти рисува толкова дълбока чаша?
Кой ще се крие
толкова дълго от дъжда?
Щом
Всичко свое нося със себе си.
Всичко е суета.
Всичко тече.

А на всичкото отгоре...
затварят за ремонт
музея на идеалите.

In the wind?
Enough!
Who's going to paint such a deep cup?
Who's going to shelter
from the rain for so long?
If
All that's mine I carry with me.
All is vanity.
All is flux.

And on top of all that…
the museum of ideals
is closed for repairs.

Николай Кънчев

Ницше извисен високо в планината

Като плодове във восъчната зрялост са житата
върху клоните си от осили и пронизват вече
с мисълта, че щом презреят, ще започнат да окапват...

Всичко е описано в природата със златни букви,
само тук-таме житата са главнявотъмни, сякаш
и в природата са подчертани правописни грешки.

Аз пренасям облаци на гръб като чували пълни
с капки на зърна и ги изсипвам в празните хамбари
на душите, жадни за познания, хамалин съм им...

Ако рухна като гръм от ясното небе на моя разум,
аз ще изгърмя патроните си за лова в гората
и ще хвана своя гълъб на светия дух накрая.

Nikolai Kanchev

NIETZSCHE STANDING TALL IN THE MOUNTAINS

The wheat on its branches of awns is like fruit
in waxen ripeness and already pierces with the thought
that when overripe it will start to fall…

Everything is drawn in nature with golden letters,
only here and there the wheat is firebrand-dark, as if
in nature spelling mistakes are also underlined.

I carry clouds on my back like sacks full
of graindrops and pour them out into the empty granaries
of souls thirsty for knowledge, I am their porter…

If I collapse like a thunderbolt from the clear sky of my reason,
I will use up my bullets for hunting in the forest
and finally take my dove of the holy spirit.

Дните на света все още се броят на пръсти

Има плуване по гръб с лице към Бога и се плува
затова, че неподвижната вода се заблатява...

И тогава голият е със запретнати ръкави:
трябва, вместо да се плува, да се пресушава блато.

Сякаш мъртъв си копае гроб от кладенец и иска
да го погребат като умрял, а не като удавник.

И молитвата е пресушаване, но на сълзите
чрез усмивка, затова и той накрая е усмихнат.

И в деня на светопреставлението се усеща,
че денят на сътворението също е бил нулев.

The Days of the World Are Still Counted on the Fingers

There is swimming on your back with your face towards God,
we swim because stagnant water turns marshy…

And then the naked one is with rolled up sleeves:
a marsh is for draining, not swimming.

Like a dead man digging a grave from a well and wanting
to be buried like someone who's died, not drowned.

Prayer is a way of drying tears with a smile,
which is why in the end he too is smiling.

And on the day of the world event one senses
the day of creation has also been zero.

Все едно кога над всичко ще се разрази цунами

Пред разпадането си империята е огромен атом,
който се побира в границите на привидната възможност.

Простосмъртният всуе се мъчи с микроскопа да предвиди:
с очила на слепоочията никога не се проглежда.

Новата вълна ще се надигне от невидимо море и
ще направи всичко само за да стане видимо морето.

Ако ми е писано да влеза като призрак на успеха,
пречката ми проверява за четливост пропуска на входа.

Аз съм землемер и смятам полюса за нулевата точка
на земята, както смятам и екватора ѝ за огромна нула.

It Doesn't Matter When a Tsunami Will Break Over Everything

Before its collapse an empire is a huge atom
that fits inside the borders of apparent possibility.

A mortal struggles in vain to foresee with a microscope:
with glasses on your temples you'll never regain your sight.

The new wave will rise from an invisible sea and
do everything for the sea to become visible.

If I am destined to enter like a ghost of success,
my obstacle checks my pass for legibility.

I am a land-surveyor, for me the pole is the zero-point
of earth, its equator a huge zero as well.

Биньо Иванов

Нощни животни

Котката зад мен.
Котката зад мен подбира, хрупа ръкописи.
Или нещо друго.
Или друго нещо: с токчета набива тротоара.
Покрай който двойка полуфарове
                 изстрелват купища фотони.
И разчертават на стената бягаща
                 спасителна решетка.
Скрепена пред вратата,
                 разтворена над десетте етажа.
И шапчица с камбанарийка – тъмна лампица над нея.

Шапчица с камбанарийка – тъмна лампица над нея;
ще дръпна шнурчето, лампата да блесне, та да блъсне
в най-проходимото решетката;
в най-проходимото решетката,
                 да се стовари върху онова,
що бие и набива и пробива и пребива тротоара,
полезния разхлопан тротоар.

Полезния разхлопан тротоар, и стряска
престъпното животно ръкописоядно.
Престъпното животно ръкописоядно,
което ми е дало дума да изхрупа
                 всички съгласни рими
в свободните ми стихове.
Кърлежи, забити в свободните ми стихове.

Binyo Ivanov

NIGHT ANIMALS

The cat behind me.
The cat behind me selects, munches manuscripts.
Or something else.
Or else something: in high heels it rams the pavement.
Along which a pair of demi-headlights
                shoots piles of photons.
And writes on the wall a running
                safety grille.
Affixed in front of the door
                open over ten floors.
And a hat with a little belfry—dark lamp over it.

A hat with a little belfry—dark lamp over it;
I will pull the cord, so the lamp beams, batters
the grille where it's passable;
the grille where it's passable,
                so it lands on top of what
beats, rams, slams, jams the pavement,
the handy, rickety pavement.

The handy, rickety pavement and startles
the criminal, manuscriptophagic animal.
The criminal, manuscriptophagic animal
which promised to munch through
                all the consonant rhymes
in my free verses.
Ticks stuck to my free verses.

Момент

Да не би
когато луната те прихване в бледния си гланц
и те налетят температурни тръпки и се окажеш първия
заселник в Антарктида
– някой ще отбяга в дън-гората, ще цапардоса два-
три бора без да слуша детски писък женски клетви
и буен огън ще организира между теб и ледните висулки?
В слънцето

когато се удариш и зацвърчат мишлета към плътта ти –
мислиш ли че някой ще напъне всичките си дробове,
ще избие мишото изчадие и ще изгони
плясъкаПисъкаПастта безпощадна?
Посегналите да те съхранят – къде са
и кои?
Спасен –
ще си ги спомниш ли в библиотеките да ги запишеш
в Почетната книга?
Измършавелите недоизтърбушени библиотеки
за които факлата се произвежда
в тоя
същия
момент?

Moment

Will it be
when the moon grabs you in its pale glaze
shuddering temperatures run into you and you turn out to be
the first to settle the Antarctic
someone will disappear into the darkest forest, slam into a pine
or two heedless of the cries of children curses of women
and organize a wild fire between you and the icicles?
In the sun

when you smack yourself and mice squeal in the direction of your flesh
do you think someone will strain their lungs to bursting
massacre the mouse monster and frighten off
the merciless splashScreamPest?
The ones struggling to preserve you—where are they
and who?
Safe at last
are you going to recall them in libraries, write them down
in the Book of Honour?
The emaciated, disembowelled libraries
whose torch is being fine-tuned
at this
precise
moment?

*

така се свиква с нея:
с нея лягаш ставаш с нея
безсънваш-безсънуваш кошмарите делите
броите заедно звездите най-първо най-далечните
таблицата слънцеХлуна главоблъскословицата
меридиан+паралел и в О-ръг на Δ-ка „бермудски"
а заранта росата капчица но с вид на водопад влетял
в зурлата на пора изтерзан от тоя плитък свят
що плаче пак за гилотинна барикада
и
непременно заедно закусвате и задължително
едно и също от една чиния и уста в уста
и
всеки тръгва според своите си задължения
обаче подръка
и ако ще те бият-грабят-изнасилват
и когато ще ти се приражда – по и от теб да стене
другата стена
в едното ти око сълзата да пропълзи по същата ѝ буза
усмивката да вдигне твойта устна и да открива
зъбите ѝ до корозираните кътници
и така
додето подръка ви се прище да изкачите най
най-нещото отдето най-се вижда Най-то-то
най-чертицата чертата точицата-точка
и
литнете един у друг

*

this is how you get used to her:
you lie down with her rise with her
sleep not dream not share your nightmares
count together the stars at first hand furthest away
the table sunXmoon conundrum puzzle
meridian+parallel and in the O-cle of the Bermuda ∆-gle
the next morning a drop of dew like a waterfall pouring
down the snout of the polecat sick of this shallow world
crying out for a return of the guillotined barricade
and
of course you have breakfast together and obviously
one and the same from the same plate and in each other's mouth
and
each attends to his or her own responsibilities
but arm in arm
and if they beat-rob-rape you
and when you're dying to give birth—so the other wall groans
even more than you do
in one of your eyes so a tear slides down its cheek
so a smile raises your lip to reveal
its teeth next to the corroded molars
and so on
until arm in arm you fancy climbing up most
the most thing from where the most-It can most be seen
the most hyphenating stop-spot
and
you fly into each other's

Иван Цанев

ДЪРВО НА ХЪЛМА

Да не забравям никога, че има
дърво на хълма –
някъде, далече,
където и да е – дърво без име,
сприятелено с идващите вечери.
Дърво на хълма.
То ще ми напомня
как будните очи в тревата скитат,
как в дълбините на нощта бездомна
поникват гласовете на щурците.
Дърво на хълма.
Нека ме обича
и не забравя никога за мене.
То е безименно, ще го наричам
търпение и тишина зелена.
Дърво – тъй стройна
плът на мисълта ми! –
стои на хълма, с облаците слято,
заслушано във приказките тъмни,
които му нашепва вятърът.

Ivan Tsanev

TREE ON THE HILL

May I never forget there is
a tree on the hill
—somewhere far away,
wherever it may be—a tree with no name,
making friends with the coming evenings.
Tree on the hill.
To remind me
how the watchful eyes in the grass roam,
how in the depths of homeless night
spring up the voices of crickets.
Tree on the hill.
May it love me,
never forget about me.
It has no name, I will call it
endurance and green silence.
Tree—slender flesh
of my thought!—
standing on the hill, one with the clouds,
listening to the dark tales
the wind whispers to it.

Накрай света

И оня чернозем, и тая глина клисава,
добрата угар, сипея с одрана кожа,
нас всички лудата съдба ни стопанисва
тъй както иска – или както може!
Когато ме захвърли тя да буренясвам,
бе сякаш урочасала щурците черни
по цели нощи да скриптят, че аз съм
накрай света, земя във заточение.
Освен щурците, нямах нищо друго,
но през туптенето на тишината дива
дочувах как събития с горещи плугове
орат сред шумната вселенска нива.
Човешки крак не стъпи в пущинака ми,
прищявката на случая не ме докосна,
бях целина – с години глухо чаках
да дойде моята година, високосната.
Да ме засее с новини от птича поща
и докато посятото кълни и никне,
подземния растеж да поощрява нощем
с напътствия от древни георгики.
А зазвънти ли с класове през юни,
да заскриптят на жътвен лад щурците
и заточеният накрай града мравуняк
да ме провиди като своя житница.

At the End of the World

And that black earth, that sticky clay,
good fallow, scree with flayed skin,
mad destiny manages us all
as it wants to—or as it can!
When it left me to grow weeds,
it seemed to have induced the black crickets
to scrape out all night how I was
at the end of the world, earth in exile.
Except for the crickets, I had nothing else,
but in the beating of wild silence
I heard how events with hot fingers
ploughed the noisy, universal field.
No human set foot in my wilderness,
the whims of chance did not affect me,
I was virgin soil—for years I waited deafly
for my leap year to come.
To sow me with news from the bird post
and, until the seed took root and sprouted,
to encourage underground growth at night
with advice from ancient georgics.
Ringing with spikes in June,
for the crickets to grate in harvest mode
and the anthill outside the city
to recognize me as its granary.

Катастрофични фрагменти

Тъй сляпо в прелестната си игра,
детето стъпка мравката случайно –
живот крие в своите недра
безцелна смърт
                подобно нежна тайна.
И посред пеперуди и цветя,
между извивките на песен птича –
съвсем необяснима за света,
една сълза по бузата се стича.

Мравунякът замря и цялата вселена
спря да жужи, замлъкна ужасена,
когато там,
            край бъзовия храст
огромен бръмбар с броня от желязо
избръмка ненадейно и прегази
едно дете, играещо в захлас.

Accidental Fragments

So taken up with his game,
the boy accidentally steps on an ant:
life hides pointless death
in its womb
                like a tender secret.
And among butterflies and flowers,
between the trills of birdsong,
in a way the world cannot explain,
a tear rolls down his cheek.

The anthill grinds to a halt and the whole universe
stops humming, falls terribly quiet,
when there,
                next to the elder tree,
a huge, iron-plated beetle
suddenly drones, runs over
the child wrapped in reverie.

Екатерина Йосифова

Дадености

Имаш брадва и остров.
Островът има дърво.
Точно колкото да издълбаеш лодка еднодръвка.
Влизаш в лодката.
Отласкваш се от брега с най-якия клон на
бившето дърво.
Съответното течение подхваща лодката и я спира
на брега на континента. Заживяваш там,
не, не на брега – в града.
Лодката отдавна е изгнила.
Не знаеш името – не питаш – на онзи остров.
Нито на онова дърво.

Ekaterina Yosifova

Bare Facts

You have an axe and an island.
The island has a tree.
Just enough for you to hew a dug-out.
You get in the dug-out.
Push off from the shore with the thickest branch
of the aforementioned tree.
The corresponding current takes the boat and carries it
to the shore of the continent. You settle there,
not on the shore, in the town.
The boat has long since rotted.
You don't know the name (you haven't asked) of that island.
Or of that tree.

Двуострият нож

Не е удобен за белене на ябълката.
Нито за подостряне на молива.
Нямам какво да му предложа
за намушкване, за наръгване,
дори за дялкане.
Мога обаче да го закача да виси
на стената, близо до мивката,
да оглежда с помътняващо презрение
неопасното ми обкръжение,
а аз и другите неща
да си живеем както досега, с едно наум
в атавистичните си подкория.

The Double-Edged Knife

It's no good for peeling an apple
or sharpening a pencil.
I've nothing for it
to pierce, stab,
carve even.
But I can hang it on the wall,
next to the sink,
from where with muddy contempt
it can gaze at my unthreatening surroundings
while I and the other things
carry on living as before, a suspicion lingering
in our atavistic subcortices.

ЮРНАХМЕ СЕ

Уредите полудяха появиха се надписи
Опасност от сблъсък! – с удивителна
А на екраните не се вижда нищо
Тридесет секунди до сблъсъка – съобщава
Равномерният глас
Всички аларми се включиха
А на екраните нищо
В суматохата
Геният изкрещя: дайте ми
Обикновен прозорец!
Юрнахме се
Аз бях най-близо, изскочих първа на балкона и
Видях на отсрещния най-обикновен покрив
Най-обикновен котарак и пикиращи над него
Най-обикновени лястовици
Три секунди до сблъсъка
В този миг
Балконът започна да поддава

We Hurried

The appliances went crazy signs appeared
Danger of collision!—with an exclamation mark
But there was nothing on the screens
Thirty seconds to impact, informed
An even voice
All the alarms went off
Still nothing on the screens
In all the confusion
Old clever-clogs cried out, Give me
An ordinary window!
We hurried
I was closest, jumped first onto the balcony
On the very ordinary roof opposite
I saw a very ordinary cat
And swooping round on top of it
Some very ordinary house martins
Three seconds to impact
At which point
The balcony began to yield

Илко Димитров

*

Каква приспивна песен, какво успокоително са измеренията!
Както мисълта не се измерва, така и веществото няма измерения,
а просто се опитваме да улесним придвижването си в безкрайността,
като парцелираме окуражаващо света около нас
на лесно усвоими части и съотношения, придавайки човешкост
на нечовешкото. Правим това, а сетне
живеем сред това познато-непознато обкръжение, като върху
неочаквано открита суша, отвоювана от тъмните води.
И виждаме, че сушата не се уголемява, а само се увеличава
чувствителността на допира ни с нея, добавяйки
с развитие на сетивата нови и нови измерения към старите.
Има и друг прочит. Да, веществото няма измерения
и наистина човекът ги измисля, придава на света човешки атрибути,
но единствено така успява да направи задачите си изпълними
и се справи с непознатото – създавайки подобност,
той се включва в управлението на процесите. Жрецът
така извиква дъжд, като възлива кръв.

Ilko Dimitrov

*

What a lullaby, how reassuring are dimensions!
As you cannot take the dimensions of thought, so also matter has no
        dimensions,
it's just we try to ease our passage through infinity
as we merrily divide the world around us
into easily assimilated plots and proportions, lending humanity
to what is not human. We do this and then
live in such familiar-unfamiliar surroundings as on
unexpectedly open land reclaimed from the dark waters.
We see the land doesn't get bigger, it's just
the sensitivity of our contact with it, as senses evolve,
adding more and more new dimensions to the old.
There is another reading. Yes, matter is without dimensions,
man truly invents them, handing human attributes to the world,
but it's the only way he can make his tasks achievable,
come to grips with the unknown—by creating similarity,
he participates in the management of processes. Just as
the priest summons rain while shedding blood.

*

Писанието – да, но само като основание, не като послание. Защото вече не е ясно днес кой може да чете, а още по-малко да схване онова, което е написано в едно неизразимо различно време. И не е ли грях да се позоваваш на слухове, тъй като е слух невидяното и неразбраното, което е изречено? Да, днес много повече от тогава светът има нужда от спасение, но ако механизмът за спасяване не съответства на заплахата, то аз лично ще предпочета заплахата пред спасяване на механизма.

*

Scripture, yes, but only as a foundation, not a message.
It's hardly clear any more who can read, let alone comprehend,
something that was written in such a completely
different time. And isn't it a sin to rely on rumours,
a rumour being the unseen, misunderstood, on somebody's lips?
Yes, today more than ever the world has need of salvation,
but if the mechanism for salvation fails to correspond to the threat,
I for one would prefer the threat to salvation of the mechanism.

*

Но какво може да произведе това ново,
толкова различно човешко същество, което
не дълбае навътре, а лети отгоре, изпитва клаустрофобия
от общи платформи и от ръководни принципи, странното същество,
което непрекъснато само се добавя,
а не кове името си върху добавеното,
това много особено същество, за което
животът не е пръчка с начало и край, а
още една възможност? Просто
не можем да си представим.

*

But what can we expect from this new,
entirely different human being who
doesn't dig down, but flies above and experiences claustrophobia
from common platforms and guiding principles, strange being
who doesn't stop multiplying,
but never stamps his name on the addition,
this very peculiar being for whom
life is not a stick with a beginning and end,
just another possibility? We simply
cannot imagine.

Силвия Чолева

Близък приятел

Рене Магрит е рисувал човека в гръб
загледан към нещо което не се вижда
с напрегнати рамене но малко преди отпускане
от високия балкон или сграда където е
пространството дърпа но и отблъсква
бомбето стои неуверено върху главата
отзад дългите уши изглеждат
внимателно вслушани навътре
нищо повече не можем да предположим за този мъж
явно затова художникът е сложил
върху сюрреалистичния му костюм
на мястото на белите дробове и сърцето
един самотен хляб
а пред него чаша с водата
прозрачна
за преглъщане на хляба

Silvia Choleva

The Intimate Friend

René Magritte has painted the man from the back
gazing in the direction of something we cannot see
his shoulders tense but shortly before relaxing
from the tall balcony or building where he is
the empty space attracts but also repels
the bowler hat sits nervously on top of his head
from behind his long ears look
as if they're carefully listening inwards
there's nothing else we can surmise about this man
which is no doubt why the artist has placed
on his surrealist suit
in place of lungs and heart
a solitary baguette
and in front of it a glass of
clear water
to wash it down

Закачалка
(Clothes Tree, 1960, George Brecht)

очаквала си дълго получаването
на тази обикновена бяла закачалка
върху изправената ѝ стойка
бял дамски с къдри
и черен мъжки чадър
отзад на гърба на картичката
целият текст който
е топлината несъразмерна
с всичко останало с хладината
на сивото от фона плюс
две чужди бомбета и фуражка
метнати с привичен жест
от случайните посетители
нищо повече
на празната закачалка
тогава какво прави там изоставен
нейният шлифер мастиленолилав
от винил

Clothes Tree
(George Brecht, 1960)

you've waited a long time to receive
this ordinary white clothes tree
on its upright pillar
a white ladies' umbrella with frills
a black men's one
on the back of the postcard
the whole text is
warmth itself out of proportion with
all the rest the coolness
of the grey background
two strange bowler hats a peaked cap
tossed with a casual gesture
by chance passers-by
nothing else
on the empty hatstand
so what is her ink-violet
pvc raincoat
doing there all alone

Сътворението на човека
(Микеланджело, детайл)

и сега кой
освен Художника
ще вдигне ръка да ни утеши
когато разкаянието на Бог
вземе връх
над радостта от сътворението

и пак кой
освен Него притежава силата
да се осмели да рисува
с толкова многозначителност
две мъжки ръце и върховното
в незначителното разстояние
между тях

но къде от цялата скулптурна
величественост на сцената
от телесността ѝ
е изчезнал духът

The Creation of Adam
(Michelangelo, detail)

and now who
except the Artist
will raise his hand to console us
when God's repentance
takes precedence over
the joy of creation

and who
except He possesses the strength
to dare to paint
with so many layers of meaning
two male hands and the supreme
in the paltry distance
between them

and where in all the sculptural
majesty of the scene
its corporality
has the spirit got to

Петър Чухов

Jesus Christ Superstar

И аз бях там
в Холивуд

валеше дъжд
Калифорния приличаше на майка ми
слънчева за всички с изключение на мен

над главата с персонален облак
вървях между колите и хотелите
а после покрай хълмовете чак до края на града
където ангелите се събират на сбогуване

навлязох сред пустинята
бос тръгнах по вълните на миражите

обърнах се
видях безброй от хора
тръгнали по моя път

в Лас Вегас

Petar Tchouhov

Jesus Christ Superstar

I also was
in Hollywood

it rained
California was like my mother
sunny towards everyone except me

a personal cloud above my head
I walked between cars and hotels
then over hills to the far side of the city
where angels gather to say farewell

I wandered into the desert
went barefoot on the waves of mirages

I turned around
saw countless people
following me on the road

to Las Vegas

При черния бик

> *В пражката кръчма "При черния бик" приходите от заведението се използват за финансиране на училището за слепи, което се намира в съседство.*

Чул съм
чел съм
и може би вярвам
че някои хора
правят чудеса

не става дума за светците
или за самия Исус Христос
а за чудотворната сила
спохождаща
обикновения човек

например
селянин от Тоскана
излекувал вола на съседа си
и той започнал
да дава мляко

домакиня от Пасау
зашила разпрания ръкав на мъжа си
и той никога повече
не посегнал да я бие

малко момченце от Смирна
разказало историята на баща си
и всички бездетни
се втурнали да раждат

ето сега и аз
съм в това положение –
седя
пия бира в "При черния бик"

и всяка моя глътка се превръща в буква
под пръстите на някой ученик

The Black Bull

The Black Bull is a pub in Prague, revenue from which is used to fund a local school for blind people.

I have heard
I have read
and I may even believe
that some people
perform miracles

it's not a question of the saints
or even Jesus Christ
but of the wonder-working strength
that visits
the ordinary man

to give an example
a villager in Tuscany
cured his neighbour's ox
and the ox began
to give milk

a housewife in Passau
stitched up her husband's torn sleeve
and he immediately
ceased to beat her

a small boy in Smyrna
told his father's story
and all those without children
rushed to give birth

now here I am
in the same situation:
I sit
I drink

and every swig I take turns into a letter
under the fingers of some student

Есента на патриарха

Не е ли ирония на съдбата,
че вместо баща
съм педофил?

Харесвам малките удоволствия.
Тези невръстни сестри на екстаза,
чиято сладост ме кара да вия
като полицейска сирена
от ням филм.

Но какво си мислите? –
става дума за това
да седя до прозореца
в кресло, дълбоко като мисъл на Хайдегер,
да слушам речи на Хитлер,

а навън бавно да става есен
и по тихата улица
момиченцата да тръгват на училище.

The Autumn of the Patriarch

Is it not an irony of fate
that instead of a father
I'm a paedophile?

I like small pleasures.
Those infant sisters of ecstasy,
the sweetness of which makes me howl
like a police siren
in a silent film.

But what were you thinking?
I'm talking about
sitting by the window
in an armchair deep as a thought of Heidegger's,
listening to speeches by Hitler,

while outside it slowly turns to autumn
and in the quiet street
little girls flock to school.

Кристин Димитрова

ДНЕВНИК С ВЪЛНООБРАЗЕН ПОЧЕРК

Толкова е прозрачно и синьо-зелено
морето – като разредено мастило,
че чак към дъното става за писане,
но там пък не се чете.
Постоянно жестикулира,
обръща вълните си, всеки път
се изразява по нов начин.

Истина, истина, нова истина –

всичко при него е истина, но
постоянно различна. Прилича ми на
на лъжец, верен на себе си.

Едно дете тича с
чашка море в ръцете.
Сега е собственик на
камък от временна хроника.
Око от вечна промяна.

Кой няма да иска?

Мъртвото се притежава
най-лесно и е
добра украса.

Kristin Dimitrova

DIARY WITH WAVY HANDWRITING

The sea is so transparent
and blue-green, like watered down ink,
it's only good for writing near the bottom,
but there it's impossible to read.
It's always gesticulating,
rolling its waves, constantly
expressing itself in new ways.

Truth, truth, new truth

—everything in the sea is truth, but
always different. It seems to me
like a liar, who is true to himself.

A child runs with
sea cupped in his hands.
Now he's the owner of
a stone from a temporary chronicle.
An eye of eternal change.

Who wouldn't want to?

Dead stuff is the easiest
to own and makes for
good decoration.

Градината на очакванията и отсрещната врата

> Това, дето се казва по този въпрос в тайното учение, че ние, хората, сме в някакъв затвор и че човек не бива да освобождава сам себе си и да бяга от него, това твърдение на мене ми се струва изпълнено със смисъл, в който е трудно да се проникне.
> из „Федон", Платон (превод Богдан Богданов)

Междувременно

чаках вратата да се отвори,
драсках ключалката, ослушвах се за новини
иззад плътното ѝ дърво.
Отвъд резетата ѝ имаше върхове, водопади,
хранителна светлина, увивни растения и
непреводими цветя от крайните
страници на атласите.
Всеки познава градината на ясните форми
и без да е влизал в нея.
Ангелът с двуостър меч пази очевидното.

После, един ден се чу грохот
и се отвори друга врата –
непроверена и хлъзгава.

Ето, затварям очи.
Ето, влизам вътре.
Ето, няма връщане,
защото никога не е имало.

Тук се кръстосват три хоризонта
и от върха на дървото ти дават въже.

Въже ли?
Въже. По което да ходиш.

The Garden of Expectations and the Opposite Door

> There is a doctrine whispered in secret that man is a prisoner who has no right to open the door and run away; this is a great mystery which I do not quite understand.
> —Plato, *Phaedo* (tr. Benjamin Jowett)

Meanwhile

I waited for the door to open,
I scratched the keyhole, listened for news
from behind the thick wood.
Beyond the bolts were peaks, waterfalls,
nourishing light, climbing plants and
untranslatable flowers from the final
pages of atlases.
Everyone knows the garden of clear forms
without having even entered it.
The angel with the double-edged sword keeps the obvious.

Then one day was heard a roar,
another door opened,
unconfirmed and slippery.

Look, I'm closing my eyes.
Look, I'm going in.
Look, there's no coming back,
there never has been.

Here three horizons intersect
and from the top of a tree they hand you a rope.

A rope?
A rope. For you to walk on.

Санта Мария дел Пи

е в реконструкция. До тавана
на катедралата са полазили скели
за освежаване на гранита.

Четящият ангел е разгърнал
с вековни пръсти книгата си
над неколцината вярващи –

непопулярен, като поет на рецитал.
Празният корпус – корем на кит,
изплувал в плитчината на чуждо време –

ехти с ребрата си от скамейки.
Тук е брегът на изчисленията,
на бюджетните разбивки и

вярата в трансцендентните функции
на математиката. И на всичко отгоре,
Пи е в ремонт.

Santa Maria del Pi

is under reconstruction. Scaffolding
climbs the walls
in granite renovation.

With his age-old fingers the reading angel
has flung open his book
above the handful of believers,

popular as a poet in recital.
The empty corpus, the belly of a whale
paddling in the shoals of foreign time,

echoes with its ribs of benches.
Here is the shore of calculations,
the bank of budgetary details,

faith in the transcendental functions
of mathematics. And on top of everything
Pi is under repair.

Яна Букова

Поетът, целият в бяло

Една сутрин поетът облече бялото си сако, сложи бялата си шапка, закопча каишките на двете си бели кучета и излезе на улицата. И на будката за цигари както си взимаше рестото внезапно – обичам те – каза. Което силно засегна продавача на цигари. Засегна мъжката му чест, засегна националното му достойнство и рода му до девето коляно. И тъкмо щеше да изскочи, за да сложи нещата на мястото им, когато видя поета да отминава, в цветущо настроение, привличайки неудачно насекомите, оставяйки след себе си една неравномерна диря, пълна с кръв и подчинени изречения.

Iana Boukova

The Poet, All in White

One morning the poet took his white jacket, put on his white hat, tied the leashes of his white dogs and went out into the street. At the cigarette stall, while waiting for his change, "I love you," he suddenly blurted out. This deeply offended the cigarette seller. Offended his male honour, offended his national pride and family and relatives to the ninth degree. He was just about to jump out, in order to put things in their place, when he saw the poet moving away in a flourishing mood, unseasonably attracting insects and leaving behind an irregular trail of blood and subordinate clauses.

Дюселдорфските кибритени насаждения

И до днес не стихват разгорещените спорове
във връзка с произхода на кибрита

Дали е дошъл от Новия свят в Стария
заедно с царевицата и сифилиса
следвайки неевклидовите маршрути на историята

Или произхожда от Азия
където векове е бил използван не по предназначение
в подмладяването на дракони
или дори чисто декоративно
заради черната си лакова кутийка

Трябва да знаем че още преди ожесточените разпри
тук на местна почва относно названието му
кибритът е имал различни имена
сред които най-романтичното „пламък в шепите"
и най-практичното „огън на дребно"
последното водещо след себе си
цяла поредица семантични унижения:
раздробяването на огъня, покупко-продажбата на
огъня, частната собственост върху огъня

Понякога се случва и едно име предхожда събитието
Така едва по-късно се появява жестът
при който някой сключва длани около пламъка на клечката
и още някой сключва своите длани около неговите
като втори чифт криле
резервни и предвиждащи падението

Тук трябва да добавим че и съвременният град Дюселдорф
чието име звучи почтено но и малко инквизиторски
е прочут с обширните си кибритени насаждения

Гледката е особено впечатляваща от самолет
Пътуващият виси между земята и нищото
загледан в полетата с цвета на неузрелия огън

The Düsseldorf Match Plantations

Still today the heated debates concerning
the origin of the match have not quietened down

Whether it came from the New World to the Old
together with maize and syphilis
following non-Euclidean routes of history

Or originates from Asia
where for centuries it was used for another purpose
in the rejuvenation of dragons
or else just decoratively
on account of its black lacquer box

We should know even before such frantic arguments
hereabouts as regards its designation
the match had various names
the most romantic of which was "cupped flame"
the most practical "fire for retail"
this last one bringing with it
a whole series of semantic humiliations:
the fragmentation of fire, the buying and selling of
fire, the private ownership of fire

Sometimes it so happens a name precedes the event
and not until later does the gesture appear
according to which someone wraps his palms around the matchstick flame
someone else wraps his around the other's
like a second pair of spare wings
envisaging the fall

Here we should add that the contemporary city of Düsseldorf
whose name sounds honourable, but also a touch inquisitorial
is famous for its large match plantations

The view is especially impressive from a plane
The traveller hangs between earth and nothingness
gazing at fields the colour of unripe fire

(който би могъл да бъде всеки цвят)
чувстващ едно колкото постоянно
толкова и поучително
безпокойство

(which could in fact be any colour)
and experiences an anxiety that is
as permanent as it is
instructive

Апология в понеделник по обяд

Неприятното е че повечето неща
имат вкуса на снега
Онзи първи вкус, първата хладна глътка
Дали в някакво незапомнено детство
или пристигайки от далечния юг
загребвайки с шепи
очаквайки нещо
неясно какво
вероятно на основата на захарта
и на добрата воля
Но дори и нищо неочаквайки
друго нищо някакво
неочаквайки
не този почти метафизичен вкус
на вода и на пепел

В такива случаи човечеството е почти на крачка
от изобретяването на сладоледа

Apology on Monday Lunchtime

The unpleasant thing is that most things
taste of snow
That initial taste, the first cool sip
Whether in some unremembered childhood
or arriving from the far south
scooping up handfuls
expecting something
unclear what
most probably on the basis of
sugar and good will
Or else expecting nothing at all
some other kind of nothing
expecting
not this virtually metaphysical taste of
water and ash

In such cases humankind is a step away
from inventing ice-cream

Цветанка Еленкова

Змията

Насилване
на непорочността
на незнанието за порок
на незнанието въобще
на липсата на инстинкт
за знание

онзи възел първия и последния
и на гърлото
до сами входа до ухото
(но който не минава)
много уши
забодени в игленик

първо пробваш с пръсти
после с нокти
с нещо тънко или по-дебело
молив например
провираш го
няколко пъти напред-назад
най-трудно е със синджирите
и опашката на коня на св. Георги

докато не стане клуп не се отпусне

после развързваш връзките
отстрани
или в обувките
ако си по-прилежен
И влизаш

Tsvetanka Elenkova

The Snake

The rape
of innocence
of sin-ignorance
of just plain ignorance
of the lack of a knowledgeable
instinct

that knot first and last
of the throat
right next to the entrance to the eye
(without passing through)
lots of eyes
stuck in a pincushion

first you try with your fingers
then with your nails
with something thin or thicker
like a pencil for instance
you shove it in
several times to and fro
chains are the hardest
or the tail of St George's horse

until it loosens

then you untie your laces
drop them to the floor
or in your shoes
if you're more diligent
Ready to enter

Ослепяване

Линията на рамото ти
или на онзи лист
е единствената граница
между минало и бъдеще
през която палецът ти минава
на автостоп
в изучаване на времената
и не вертикално като на императорите
нито като солница
или пистолет което може и да е
благословия
не с това премазване от стените
предхождащо срутването
а подобно на четирите тунела
през които пътуваме с
невръстния ни син
без да прави разлика с мостове
онзи далекоглед на полу-
присвитата длан
за да фокусираш по-добре
и напъхва пръста си
дълбоко

Blinding

The line of your shoulder
or that sheet
is the only border
between past and future
your thumb passes over
when hitch-hiking
or learning tenses
not vertically like an emperor
or salt-cellar
or pistol which can also be
a blessing
not the pressing down of walls
before they collapse
but like the four tunnels
we travel through with
our infant son
who doesn't distinguish them from bridges
that telescope of a half-
clenched fist
so you can focus better
he sticks his finger
in

Кактус

Там където се качва
всъщност се слиза
толкова е червено
че чак лъскаво
подобно на запечена
кръв върху или огън зад
стъкло
изглежда кръгло
но отблизо е квадратно
а някъде по средата
има градинка с бели камъчета
и дупка от онези направени с палма
между яхтите на западно пристанище

Cactus

There where it seems
to climb up
it actually goes down
it's so red
it's almost shining
like congealed blood on
or fire behind
glass
it looks round
but up close is square
and somewhere in the middle
is a garden with little white stones
and a hole like those made by palms
between the yachts of a western harbour

Марин Бодаков

Наивно изкуство

хоровод
около болния роднина
каменист хоровод с тежки, схванати челюсти

(иначе – ловна сцена)

да го умъртвим, ще изгубя безкрайни сърца от сърцето си,
да го пуснем, ще бъда най-после свободен

Marin Bodakov

Naive Art

ring dance
around the sick relative
stony dance with heavy, beset jaws

(otherwise a hunting scene)

kill him off, I will lose endless hearts from my heart,
let him go, I will be free at last

По По

птицата е танцьор:
аеродинамичните мускули се съкращават
в протяжно изящество

после пак арогантен покой;
намазана с катран и крах хореография на тайните,
грак от шкурка

гарванът на моето златно и свещено Безвъзвратно

Poe Poe

The bird is a dancer:
aerodynamic muscles shorten
in elastic refinement

then again arrogant calm;
choreography of secrets spread with tar and abject failure,
sandpaper caw

the raven of my golden, holy Irretrievableness

Морско сражение

в последната му фаза се намесил
товарът статуи, пренасян в слабините на галерата

мраморните влакна на богове, философи и съпруги
оживели, разрушавайки безразборно

единствено клишетата въздават справедливост

Sea Battle

in its final phase the load of statues
in the galley's groin intervenes

the marble fibres of gods, philosophers, wives,
come to life, destroying indiscriminately

only clichés mete out justice

Йордан Ефтимов

Вход

Забиваш брадичка в пясъка,
за да усетиш твърдостта му.
Плуваш в него –
мек е като въздух.
Дишаш из вътрешността му –
кух е.
Зариваш се – до кръста,
след това до шия.
Накрая оставаш с една тръбичка –
за гледане навътре.

Отравяш се – бавно.
Награбваш две шепи пясък след това,
щедро ги натъпкваш догоре, изравняваш,
и после ги слагаш в устата си.
Дъвчеш.
А после плюеш.
И всяка песъчинка,
полепнала по устните, в очите,
ти напомня, че от мекотело
си израсъл до убиец.

Yordan Eftimov

Entry

You stick your chin in the sand
to feel its hardness.
You swim in it
—it is soft as air.
You breathe in its interior
—it is hollow.
You bury yourself to the waist,
then to the neck.
In the end you are left holding a straw
to look in with.

You slowly emerge.
Grab two handfuls of sand,
generously pack them down, level them off,
then stuff them in your mouth.
You chew.
Then spit.
Every particle of sand
stuck to your lips, in your eyes,
reminds you you have grown
from a mollusc into a killer.

Тайнствената бомба

Логично е да подозираш снизхождение,
защото пишещият винаги е надменен –
той дава имена, той прави нещата уж по-малко смъртни.
Това обвинение заслужава и фотографът.
Или това самообвинение.
Което не изключва завистта –
към онези, които живеят просто
и които при загубата на близък човек
никога не са в траур.
Те знаят истината за предназначението
и силата на събитието,
което изригва
без да е плод на замисъл.
Но това не е знание, разбира се.
Нищо не е.

The Enigmatic Bomb

It is logical to suspect condescension:
the writer is always holier-than-thou,
giving names, making things supposedly less mortal.
This accusation applies to the photographer as well.
Or self-accusation.
Which doesn't exclude envy
towards those living the simple life,
who when they lose a friend
are never in mourning.
They know the truth about the predestination
and force of events
which erupt
not as part of the plan.
This isn't knowledge, of course.
It is nothing.

Същото

Същото е с летищата –
толкова чужди, че те опияняват
с възможността най-сетне да намериш.

Но ти никога не намираш.

Дори когато открият бутилка, която би прежалил,
но никой не го иска от теб,
въпреки че гърлото ѝ би могло да бъде трион.

Не се сещаш какво можеш да режеш с толкова удобно сечиво.

Ще летиш на чужди криле из толкова свои небеса.
Като дете, което прави жабки във въздушни ями.
Като света, който винаги е твой, за разлика от несвоето вътре в теб.

The Same

It's the same with airports
—so foreign you are intoxicated
with the possibility of finding at last.

But you never do.

Even when they reveal the bottle you don't much care about,
but nobody wants from you,
although the neck would make a good saw.

You don't consider the things you could cut with such a convenient tool.

You will fly on foreign wings through so many skies that are yours.
Like a child skimming across air-pockets.
Like the world, which is always yours, unlike the otherness inside you.

Надя Радулова

Какво остава

ако от пролетта извадим ранната пролет, кишата,
минзухарите, възвишените и леки инфекции на носоглътката,
агнето, цялото кожа и кости – тепърва
Кристина Росети и Уилиям Блейк ще разчесват небесната вълна –
после постите, набъбващо зелени, после великата
пустиня април
от първия до последния ден,
после пристъпите на кръвта, на слънцето,
или пристъпите въобще; какво остава

ако от къщата извадим децата, или мисълта за децата,
пуха от възглавниците, плодовете и зеленчуците
от голямата кошница в ъгъла, ако извадим самия ъгъл, ъглите,
чудесните сребърни паяжини – приборите на времето –
само как ни обточва в своите лиги, как ни нарязва
на ситно – също нежните замърсявания
след края на храненето, отделянето,
размножителния сезон; какво остава

ако извадим рибята кост, заседнала в гърлото
на любовната лакома котка, виж я, още прескача
луната из двора, ала вече лишена от своята котешкост –
не е повече котка, а обръч от отчаяние,
къс коприна, подпален и хвърлен в средата на тъмното,
след което угасва дори и средата
и остава за миг само тъмното, но от тъмното
повече нищо не може да се извади,
нито пък да остане.

Nadya Radulova

What Is Left

if from spring we subtract early spring, slush,
crocuses, elevated and light infections of the nasopharynx,
lamb, all skin and bones—now
Christina Rossetti and William Blake will comb wool in the sky—
then the fast, swollen green, the great
desert of April
from the first day to the last,
attacks of blood, the sun,
or just attacks in general; what is left

if from the house we subtract the kids, or thought of kids,
the pillow down, fruit and vegetables
from the big basket in the corner, the corner itself, all corners,
the remarkable silver cobwebs—cutlery of time,
how it borders us with its drivel, chops us
into little pieces—and the tender remains
of a meal, the ablutions,
breeding season; what is left

if we subtract the fish bone stuck in the throat
of the loving, voracious cat, see how it hurdles
the moon in the yard, having lost its catliness,
it is no longer a cat, but a hoop of despair,
a piece of silk set on fire and thrown into the middle of the darkness,
after which even the middle goes out
and all that is left for a moment is the dark, but from the dark
nothing can be subtracted
or left.

Оттичане в други форми

В онази част на града, където никога
не са проблейвали стада, където няма
къщи на преселници, където никой
не простира по балконите
и вероятно никой
не живее зад прозорците –

оттам ще мине тя,
пораснала коса
и издължена сянка.

Не иска нищо –
само да премине
като през празно.

Защото трябва
през празното човек да преминава,
краката му да преминават,
сърцето му да преминава,
очите и желанията му
да преминават.

Тя иска да научи тежестта си,
затова
понякога подскача и увисва, без
за нищо да се залови
и после пада.

Така да пада иска, без
да иска, без някой да го иска –
свободно, с ръце прибрани
до тялото, но не и като птицата-гмурец,
която може пак да излети,
а като някакъв обикновен предмет,
отвътре празен, успокоен в мига,
в който е направен.

Drainage in Other Forms

In that part of town where flocks
have never bleated, where settlers
have no houses and nobody
hangs on the balcony
or probably even
lives behind the windows,

from here she will pass,
extended hair,
lengthened shadow.

She doesn't want anything,
just to pass
as if through something empty.

Because man must pass
through emptiness,
his legs must pass,
his heart must pass,
his eyes and desires
must pass.

She wants to study her weight,
which is why
she jumps from time to time, hangs
without holding onto anything,
then falls.

Like this she wants to fall, without
wanting, without anyone wanting,
freely, her arms drawn close
to her body, but not like a grebe,
which can resurface,
like an ordinary object,
empty inside, calm from the moment
it was made.

Това спокойствие и тази празнота
ги няма
в света на хората и на животните,
нито по въжетата, накацани с пране,
затоплено и мокро,
трептящо –

живот,
от който тя сега
изправя се, изправя се,
отвиква.

Such calmness, such emptiness,
are not to be found
in the world of people and animals,
on the clothes-line where washing perches
wet and warm,
trembling,

life
she empties herself of,
empties herself
finally.

10 ЯНУАРИ, 30 ЮЛИ, 6 МАРТ

Тя се завръща, чуваш я,
потраква
призракът на порцелана, на въздишката –

уж духаш нейния бульон, за да изстине,
но всъщност го затопляш.

Сърцето ти е още пълно с кръв
и бързо, но смъртта отнема
от теб неща, изрязва
с голямата шивашка ножица
скроените парчета;

две едномесечни прашинки
плът и въздух –
за порцелана се закрепват
и отлитат.

А после те подлепва, за да помниш;

подлепва те добре да не избяга
този обяд върху гранитената маса
онзи чудесен чернобял пепитен ужас
онзи чудесен чернобял пепитен ужас.

Прекъсва те от четири страни.

Покривката, салфетката, чинията,
лъжицата, бульона и това
потракване от оня свят, което
изрязва и отнема и подлепва.

10 January, 30 July, 6 March

She returns, you hear her,
the rattling of
the ghost of porcelain, sighs,

as if you blew on the clear soup to make it cold,
but warmed it instead.

Your heart is still full of blood
and fast, but death deprives
you of things, cuts
the patterned pieces
with large fabric shears;

two one-month particles
of flesh and air
are rooted on the porcelain
and fly away.

And then she glues you, so you remember;

glues you well, so this lunch
on the granite table doesn't run away,
that wonderful black-and-white-chequered distaste,
that wonderful black-and-white-chequered distaste.

She trims you on all four sides.

The cloth, napkin, plate,
spoon, clear soup and this
rattling from the other world, which
cuts and glues and deprives.

Николай Атанасов

Стрида

В морето на Венера този грапав
мъж
намира дъното за вдъхновяващ трап.

Но тежкият му щит, уж безобиден,
лъже –
отвътре той е гъвкав и перфиден.

Изящен е седефеният му гръбнак –
оръжие,
ревниво охраняващо потънала стена.

Зад нея се смалява безпричинно и
изпъжда
на помощ допълзелите лъчи.

И в перли опакова вероломните тела,
осъжда
агресори на поносима красота.

Преди Нептун с тризъбеца да стори
същото
и пълната със смърт черупка да отвори.

Nikolai Atanasov

Oyster

In the sea of Venus this rugged
man
finds the bottom an inspiring ditch.

But his heavy shield, seemingly harmless,
lies:
inside he is versatile and perfidious.

Exquisite is his nacred spine,
a weapon
jealously guarding a sunken wall.

Behind which he grows small unreasonably,
kicks out
the rays crawling in aid.

He wraps the insidious bodies in pearls,
sentences
violators to endurable beauty.

Until Neptune with his trident does
the same
and the death-filled shell prises open.

Златните пегаси

Те не са просто танцьори
с повдигнати скъпоценни глави.
Те са драматически парадокси –

тежки мускулатури, понесени
от анемични, но позлатени криле
като горящи транспаранти,

с които демонстрират открито
един ден в годината
колко е прекрасно да бъдеш пегас!

Те не са просто крилати нарциси,
поникнали в счупени саксии –
те са Награди за своите обожатели!

Препускат на позлатени токчета
и са удивително издръжливи,
защото ходят редовно на фитнес

с истинските коне, но нямат потомство,
защото малките им предпочитат
да остават в рая.

Те не са избрали да бъдат
пегаси.
Те са Избрани!

Погледнете как е грейнало
върху устните им като гланц
призванието:

П – Е – Й – !!!

Golden Pegasuses

They aren't just dancers
with raised, precious heads.
They are dramatic paradoxes:

heavy musculatures carried
on anaemic, gold-plated wings
like burning banners

with which they openly demonstrate
one day a year
how great it is to be a pegasus!

They aren't just winged narcissuses
sprouting in broken pots,
they are Prizes for their admirers!

They race on gold-plated heels,
are amazingly enduring
because they go regularly to the gym

with real horses, but have no offspring,
their little ones preferring
to remain in paradise.

They didn't choose to be
pegasuses.
They were Chosen!

See how on their glossy lips
shines
the vocation:

S – I – N – G – !!!

Via Negativa

Вярвам в бездната,
в отчуждението, което удържа света.
Вярвам в бащата,
изпратен да ме отклонява от пътя.
Вярвам в съмнението на сина,
оставен от родителя си на кръста.

Вярвам в небесното съдържание на Твореца,
нетърпелив да отлъчва.
Вярвам в призванието му на пасивен наблюдател
и в обещаното ми състрадание.
Вярвам в пътя навътре,
който извежда към сблъсък с останалите.

Вярвам в бунта на религията срещу хаоса
в душите на неверниците.
Вярвам в отстъплението им зад крепостта
на вътрешния емигрант.
Вярвам във властта на суеверията
и в мръсната лъжа за божия храм.

Вярвам в престъплението да обичаш себе си,
както Исус обича Господ.
Вярвам в обратния Едип, погубен от баща си,
и в изкормения му гроб.
Вярвам в щедростта на дърводелеца,
който строи семеен дом,
а не бездомен гардероб.

Via Negativa

I believe in the abyss,
in the alienation which restrains the world.
I believe in the father
sent to divert me from my road.
I believe in the doubt of the son
abandoned by his parent on the cross.

I believe in the heavenly contents of the Creator
eager to exclude.
I believe in his vocation as a passive observer,
in the mercy I was promised.
I believe in the road inwards
which leads to collision with others.

I believe in the rebellion of religion against chaos
in the souls of unbelievers.
I believe in their retreat behind the fortress
of the inner emigrant.
I believe in the power of superstition,
in the dirty lie about God's temple.

I believe in the crime of loving oneself
as Jesus loves God.
I believe in the reverse Oedipus, killed by his father,
in his disembowelled tomb.
I believe in the generosity of the carpenter
who builds a family home,
not a homeless wardrobe.

Poets' Biographies

Ivan Teofilov (Plovdiv, 1931) is a poet and playwright. He is the recipient of several major prizes, including an award from the Bulgarian Ministry of Culture for his contribution to Bulgarian culture. He was included in Lisa Sapinkopf and Georgi Belev's *Clay and Star: Contemporary Bulgarian Poets* (1992). Six poems appeared in *Modern Poetry in Translation* 3:12 (ed. David and Helen Constantine). His poetry reveals a deep psychological understanding of nature.

Tsvetan Marangozov (Sofia, 1933) is a poet, novelist, playwright and screenwriter who emigrated to Germany at the age of twenty-seven, returning to Bulgaria thirty-one years later. His novel *The Indifferent Man* has received particular attention. His poems are characterized by scepticism and an abiding sense of alienation.

Lyubomir Levchev (Troyan, 1935) is a poet, novelist and screenwriter who was President of the Union of Bulgarian Writers during the 1980s. His many international awards include the Struga Poetry Evenings' Golden Wreath of Poetry. Translations of his work have appeared in thirty countries. His two most recent books in English are *And Here I Am*, translated by Jack Harte, and *Ashes of Light*, translated by Valentin Krustev. His poetry, a theatrical poetry of gesture, featured in Emery George's *Contemporary East European Poetry: An Anthology* (1983), William Meredith's *Poets of Bulgaria* (1986) and *Clay and Star*.

Nikolai Kanchev (Byala Voda, 1936 – Sofia, 2007) was a prolific writer of poetry, with as many as thirty books in Bulgarian and translations in fourteen countries, whose writing was banned in Bulgaria during the 1970s. He translated such poets as e. e. cummings, Ezra Pound and William Carlos Williams, and was elected to the World Poetry Academy in Verona. His poetry is metaphysical with sudden shifts and makes common phrases into something surreal. He appeared in *Poets of Bulgaria*, *Clay and Star*, Walter Cummins' *Shifting Borders: East European Poetries of the Eighties* (1993) and *Orient Express* 4 (ed. Fiona Sampson).

Binyo Ivanov (Barakovo, 1939 – Kyustendil, 1998) received a special award from the Bulgarian Writers Association for his work and is considered by many the father of modern Bulgarian poetry. His poetry shows a rejection of logic and grammatical forms and a genetic modernity. He destroys language in order to rebuild it with new structures and words. He appeared in *Clay and Star*.

Ivan Tsanev (Ostritsa, 1941) is best known as a writer of children's poetry. His book of poetry for adults, *Tree on the Hill*, was an instant success. His work is characterized by tenderness, fragility and a transparent style and featured in *Poets of Bulgaria*, *Clay and Star* and *Shifting Borders*.

Ekaterina Yosifova (Kyustendil, 1941) has written poetry and some children's books. Her work is clear on the surface with strong underwater currents and avoids making categorical statements. She was included in Michael March's *Child of Europe: A New Anthology of East European Poetry* (1990), Brenda Walker, Belin Tonchev and Svetoslav Piperov's *The Devil's Dozen: Thirteen Bulgarian Women Poets* (1990) and *Clay and Star*.

Ilko Dimitrov (Sofia, 1955) is a poet and essayist. He served as Deputy Minister of Defence and MP for the liberal National Movement Simeon II party in Bulgaria. His poetry deals with grand themes, society and politics, in a dispassionate way with the use of abrupt, strong metaphors. Two books are available in Hristianna Vassileva's translation: the poem *The Thread Seller* and the essay *God in New York*.

Silvia Choleva (Sofia, 1959) is a writer and journalist who received an award for her work in popularizing Bulgarian literature. She was previously editor-in-chief of *Altera*, a magazine devoted to gender, language and culture. Her poetry is descriptive and at times close to travel writing with a wide, even style that is unpretentious.

Petar Tchouhov (Sofia, 1961) is a writer and ethno-rock musician with a particular interest in haiku. He is a member of The Haiku Foundation and had a selection of his haikus published in a bilingual Bulgarian-Irish edition, *Bioráin Dhúnta*. He is close in style to the Beat Poets and has an interesting combination in his poetry of spirituality and everyday existence.

Kristin Dimitrova (Sofia, 1963) is a widely translated poet, novelist and short story writer. She has two books in English: *A Visit to the Clockmaker*, translated by Gregory O'Donoghue, and *My Life in Squares*, translated by Vladimir Trendafilov. Her work featured in W. N. Herbert's *A Balkan Exchange* (2007) and Wayne Miller and Kevin Prufer's *New*

European Poets (2008) as well as *Absinthe* 17 (ed. Dwayne Hayes). Her translation of John Donne's poetry received an award from the Union of Bulgarian Translators. Her poetry is clever and witty and deals bravely with contemporary themes, turning them into particles of eternity.

Iana Boukova (Sofia, 1968) is well known as a writer of fiction and poetry and as a translator of poetry. In addition to ten volumes of contemporary Greek poetry, she has translated the work of Sappho, Catullus, and the Pythian odes of Pindar. She appeared in the Shoestring Press anthology *Take Five 07* and in *Zoland Poetry* 3 (ed. Roland Pease). Her poetry is erudite and magical and grabs the reader with its originality and multiple levels.

Tsvetanka Elenkova (Sofia, 1968) writes a poetry of nuance and gesture. She has two collections in English: *The Seventh Gesture* and *Crookedness*, both in Jonathan Dunne's translation. Her work appeared in *Absinthe* 7 and 10, *Modern Poetry in Translation* 3:8, *Orient Express* 6, *Poetry Review* 99:2 and 101:1 (ed. Fiona Sampson) and *Zoland Poetry* 3. She previously edited an anthology of contemporary Bulgarian poetry for the Serbian magazine *Polja*. Her translations into Bulgarian include an anthology of Raymond Carver's poetry.

Marin Bodakov (Veliko Tarnovo, 1971) is a poet and literary critic who works as an editor at the newspaper *Kultura*. He has been advisor to the Bulgarian government on cultural affairs. His poetry is abstract, lapidary and dense in style.

Yordan Eftimov (Razgrad, 1971) is a poet, literary critic and one of the founding editors of the popular weekly newspaper *Literaturen vestnik*. He is the co-author of two anthologies of Bulgarian poetry. His poetry is like a collage with postmodern and classical elements and an interest in contemporary themes.

Nadya Radulova (Pazardzhik, 1975) is a poet and translator with an interest in the fields of comparative literature and gender studies. Her work has appeared in Jean Boase-Beier, Alexandra Büchler and Fiona Sampson's *A Fine Line: New Poetry from Eastern and Central Europe* (2004), *A Balkan Exchange* and *Orient Express* 4 as well as *So What Kept You? New Stories Inspired by Anton Chekhov and Raymond Carver*. Her poetry is philosophical with a close eye for detail and the circumstances of everyday life.

Nikolai Atanasov (Pleven, 1978) is a poet and gay-rights activist living in the United States. His work featured in *American Poetry Review* 39:6. His poetry reveals a mixture of anger and finesse with the use of strongly aesthetic language.

Other **anthologies of Bulgarian poetry** in English are Roy MacGregor-Hastie's *Modern Bulgarian Poetry* (1975), Nikola Roussanoff and John Robert Colombo's *Under the Eaves of a Forgotten Village: Sixty Poems from Contemporary Bulgaria* (1975), Peter Tempest's *Anthology of Bulgarian Poetry* (1980), Belin Tonchev's *Young Poets of a New Bulgaria* (1990), Richard Harteis and William Meredith's *Window on the Black Sea: Bulgarian Poetry in Translation* (1992), Richard Scorza and Tsvetelina Ganeva's *The Many-Voiced Wave: Contemporary Women Poets of Bulgaria* (1993), Don Wilson's *Hush You Nightingales! Four Bulgarian Poets* (1993), Rumen Leonidov's *An Anthology of Contemporary Bulgarian Poetry* (1994), Don Wilson and Stella Kostova's *Daydreams and Nightmares: Bulgaria, Balkan Goddess* (1995), Yuri Vidov Karageorge's *Voices of Sibyls: Three Bulgarian Poets* (1996) and Ludmila Balabanova's *Mirrors: 101 Bulgarian Haiku* (2005).

Other **individual titles by Bulgarian poets** in English are Elisaveta Bagriana's *Elissaveta Bagryana* (tr. Kevin Ireland) and *Penelope of the Twentieth Century* (tr. Brenda Walker, Valentine Borrisov, Belin Tonchev), Hristo Botev's *Poems* (tr. Kevin Ireland), Bozhidar Bozhilov's *American Pages* (tr. Cornelia Bozhilova), Boris Christov's *The Wings of the Messenger*, *Words and Graphite* and *Words on Words* (tr. Roland Flint, Betty Grinberg, Lyubomir Nicolov), Ivan Davidkov's *Fires of the Sunflower* (tr. Ewald Osers), Blaga Dimitrova's *Because the Sea Is Black* (tr. Niko Boris, Heather McHugh), *Forbidden Sea* (tr. Ludmilla Popova-Wightman, Elizabeth Socolow), *Scars* (tr. Ludmilla Popova-Wightman) and *The Last Rock Eagle* (tr. Brenda Walker, Vladimir Levchev, Belin Tonchev), Petya Dubarova's *Here I Am in Perfect Leaf Today* (tr. Don Wilson), Georgi Djagarov's *Poems* (tr. Peter Tempest), Dora Gabe's *Depths* (tr. Nikola Roussanoff, John Robert Colombo), Andrei Germanov's *Remember Me Well* (tr. Nikola Roussanoff, John Robert Colombo), Vladimir Levchev's *Leaves from the Dry Tree*, *Black Book of the Endangered Species*, *The Rainbow Mason* and *The Refugee* (tr. the author, Henry Taylor, Alicia Ostriker), Toma Markov's *Black PR and Other Acts* (tr. Theodora Nikolaeva), Dimiter Metodiev's *Selected Poems* (tr. Peter Tempest), Geo Milev's *September* (tr.

Peter Tempest) and *The Road to Freedom* (tr. Ewald Osers), Konstantin Pavlov's *Cry of a Former Dog* and *Capriccio for Goya* (tr. Ludmilla Popova-Wightman), Ivan Radoev's *My Children Are Words* (tr. Don Wilson), Alexander Shurbanov's *Frost-Flowers* (tr. Ludmilla Popova-Wightman), Hristo Smirnensky's *Selected Poetry and Prose* (tr. Peter Tempest), Tzveta Sofronieva's *Chicago Blues* (tr. the author), Danila Stoianova's *Memory of a Dream* (tr. Ludmilla Popova-Wightman), Edvin Sugarev's *Secret Senses* (tr. Ludmilla Popova-Wightman), Nikola Vaptsarov's *Kino* (tr. Bilyana Kourtasheva, Evgenia Pancheva, Kalina Filipova), *Nineteen Poems* (tr. Ewald Osers) and *Poems* (tr. Peter Tempest) and Ivan Vazov's *Selected Poems* (tr. Peter Tempest).

Translator's Biography

Jonathan Dunne's translations from Bulgarian include *The Seventh Gesture* and *Crookedness* by Tsvetanka Elenkova and poems by Iana Boukova in *Take Five 07*. He has edited and translated a supplement of *Contemporary Galician Poets* (available online) for *Poetry Review* and a two-volume *Anthology of Galician Literature*. His translations of work by Manuel Rivas and Enrique Vila-Matas among others have been nominated for prizes such as the IMPAC Award and the Warwick Prize for Writing.

Acknowledgements

Poems in Bulgarian have previously appeared in:

Ivan Teofilov, *Vyarnost kum duha ili znachenieto na neshtata* (Janet 45, 2008);

Tsvetan Marangozov, *Izbrano* (AB, 2010);

Lyubomir Levchev, *Kapriznata igra na vremenata* (Ciela, 2010);

Nikolai Kanchev, *Vyaturut prelistva kalendar bez dati* (NSM, 2007);

Binyo Ivanov, *Poeziya* (Otechestvo, 1993), *Si iskam zhivota* (Fakel, 1993), *Chasut na uchastta* (Janet 45, 1998);

Ivan Tsanev, *Durvo na hulma* (Slovo, 2001);

Ekaterina Yosifova, *Tazi zmiya* (Janet 45, 2010);

Ilko Dimitrov, *Chetiri* (Stigmati, 2011);

Silvia Choleva, *Kartichki* (Janet 45, 2007);

Petar Tchouhov, *Malki dni* (Janet 45, 2002), *Tri* (Janet 45, 2009);

Kristin Dimitrova, *Sutrinta na kartoigracha* (Janet 45, 2008), *Gradinata na ochakvaniyata i otsreshtnata vrata* (Colibri, 2012);

Tsvetanka Elenkova, *Izkrivyavane* (Stigmati, 2011);

Marin Bodakov, *Naivno izkustvo* (Janet 45, 2011);

Nadezhda Radulova, *Bandoneon* (Janet 45, 2007);

Nikolai Atanasov, *Manifestatsiya* (Altera, 2011).

www.ingramcontent.com/pod-product-compliance
Lightning Source LLC
Chambersburg PA
CBHW031153160426
43193CB00008B/355